¡GATOS SALVAJES!
DEL MUNDO

LOS GUEPARDOS

Por Melissa Cole
Fotografías de Tom y Pat Leeson

BLACKBIRCH®
PRESS

THOMSON
GALE™

San Diego • Detroit • New York • San Francisco • Cleveland • New Haven, Conn. • Waterville, Maine • London • Munich

For more information, contact
The Gale Group, Inc.
27500 Drake Rd.
Farmington Hills, MI 48331-3535
Or you can visit our Internet site at http://www.gale.com

Photo Credits: All images © Tom and Pat Leeson Nature Wildlife Photography.

LIBRARY OF CONGRESS CATALOGING-IN-PUBLICATION DATA

Cole, Melissa S.
 [Cheetahs. Spanish]
 Los guepardos / by Melissa Cole.
   p. cm. — (Gatos salvajes del Mundo!)
 Summary: Describes the physical characteristics, behavior, habitat, and endangered status of cheetahs.
  ISBN 1-41030-004-8 (hardback : alk. paper)
  1. Cheetahs—Juvenile literature. [1. Cheetahs. 2. Endangered species.] I. Title. II. Series: Cole, Melissa S. Wild Cats of the World!

QL737.C23 C64 2003
  599.75′9—dc21

Printed in China
10 9 8 7 6 5 4 3 2 1

Contenido

Introducción

Hace entre dos y cuatro millones de años, muchas especies de guepardos existían alrededor del mundo. En Europa había feroces guepardos gigantes que pesaban hasta 200 libras (90 kg)—el doble que los guepardos actuales. En el último periodo glaciar, hace unos 20,000 años, desaparecieron todos menos el guepardo común (Acinonyx jubatus).

El territorio del guepardo originalmente se extendía por África, Irán, y partes de India. En el siglo 16, como deporte se capturaban y entrenaban a los guepardos para cazar gacelas. Se dice que Akbar el Grande, un emperador de India, tenía más de 1000 guepardos en sus jardines.

Hoy sólo quedan unos 12,000 guepardos en todo el mundo, principalmente en el sur de África. Los científicos creen que también existen algunos en ciertas áreas de Irán.

Hoy sólo quedan unos 12,000 guepardos en todo el mundo.

La mayoría de los guepardos que quedan, viven en el sur de África.

El cuerpo del guepardo

El guepardo es muy conocido por su suave y musculoso cuerpo y su extraordinaria velocidad. Es el mamífero terrestre más veloz; puede alcanzar 70 millas (110 km) por hora en una carrera corta.

Su cuerpo está diseñado para la velocidad. Tiene los pulmones y las aberturas nasales grandes para poder tomar mucho aire mientras corre. Las piernas largas y la columna vertebral flexible le permiten galopar como un caballo, con las cuatro patas despegadas del suelo a la misma vez.

El guepardo es el mamífero terrestre más rápido.

La mayoría de los gatos pueden retraer las garras para que se escondan dentro de la zarpa, pero las del guepardo siguen visibles cuando están retraídas. A medida que crece el guepardo, estas afiladas garras se van redondeando como las garras de un perro. Afiladas o redondeadas, ¡las garras del guepardo le permiten alcanzar las 50 millas (80 km) por hora en menos de dos segundos!

Sus huesos—delgados y ligeros para un gato grande—también contribuyen a la velocidad. Incluso la cola le ayuda a correr. Es larga y plana para ayudar que mantenga su equilibrio cuando dobla y gira persiguiendo a su presa.

El guepardo tiene pulmones grandes, piernas largas y garras afiladas.

7

Rasgos especiales

El guepardo tiene el pelaje de color amarillo claro con pequeñas manchas redondas de negro o pardo. Este patrón le ayuda a mimetizarse con el ambiente para poder acercarse a la presa sin que ésta lo vea.

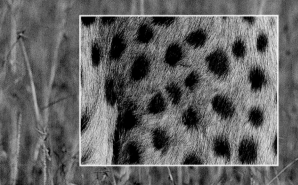

Recuadro: Las pequeñas manchas redondas del pelaje del guepardo lo ayudan a esconderse.

Como todos los gatos, el guepardo tiene excelente olfato y oído. Es uno de los pocos gatos que cazan de día, y usa su aguda vista para localizar su presa. El guepardo tiene rayas oscuras que se originan en los ojos y terminan en la comisura de la boca. Parecen rastros de lágrimas. Algunos investigadores piensan que esta líneas de pelo oscuro le disminuyen el relumbrón del sol.

El guepardo emite sonidos distintos a los de otros gatos grandes. A veces chirría como lo hacen los pájaros. También gruñe, silba y ronronea—pero no ruge como otros gatos grandes, tales como el león, tigre, jaguar o leopardo.

El guepardo hace sonidos poco usuales. No ruge como otros gatos grandes.

Las rayas oscuras que van desde los ojos hasta la boca parecen marcas de lágrimas.

Vida social

Casi todos los gatos viven solos, incluyendo la mayoría de los grandes. El león es el único gato grande que vive en un grupo familiar. El guepardo es el único gato que es solitario y a la vez social. La hembra vive sola excepto cuando tiene cachorros. Es sociable con el macho en la época de celo.

La hembra establece un territorio propio de hasta 300 millas cuadradas (480 km2) en donde busca alimento y agua y se aparea. A diferencia de los gatos más grandes, no defiende su territorio frente a otros guepardo.

El guepardo es el único gato que tiene tanto una vida social como una solitaria.

El macho exhibe varios diferentes comportamientos sociales. Algunos viven solos, y otros viven en grupos de dos o tres machos, que suelen ser hermanos.

Los machos jóvenes, o nómadas, recorren inmensos territorios que pueden tener hasta 700 millas cuadradas (1,100 km²) de extensión. Los machos adultos o maduros vigilan un territorio más pequeño y lo defienden de otros machos. Marcan su territorio rociando orina en los arbustos, árboles y pastos en los límites. El olor les advierte a otros guepardos que se tienen que alejar del área.

El guepardo vive en un territorio propio en donde caza y se aparea.

Expertos cazadores

Aunque la mayoría de los gatos caza de noche, el guepardo está adaptado para cazar presas veloces durante el día. Para atrapar a su presa, el guepardo depende de la velocidad en vez de la sorpresa.

El guepardo caza antílopes, incluyendo la gacela de Thomson (recuadro).

El guepardo raras veces tiene que viajar mucho en busca de alimento. Miles de especies de antílopes, por ejemplo la gacela de Thomson y la gacela springbok, viven en las extensas llanuras de África. Los grupos de guepardos machos cazan antílopes más grandes, como impalas o ñues jóvenes. Si el grupo logra cazar un animal de este tamaño, todos tendrán suficiente comida.

Aunque el guepardo corre rápido, sólo lo puede hacer a la velocidad máxima por un tercio de milla antes de cansarse. Por eso tiene que estar cerca de su presa antes de comenzar a perseguirla. Se concentra en un solo antílope, generalmente uno débil o uno que se haya separado del grupo.

El guepardo se acerca lo más posible y de repente se para a plena vista del antílope. Éste se asusta con el movimiento y entonces los dos comienzan a correr. Cuando está lo suficientemente cerca le hace una zancadilla al antílope con la zarpa. Luego lo prende del cuello hasta que el antílope ya no pueda respirar. El guepardo tiene músculos relativamente débiles en la mandíbula. A veces tiene que sujetar el cuello de un antílope por 30 minutos antes de que se muera. Después de cazar, el guepardo tiene que recobrar el aliento antes de poder comer. Este puede ser un momento peligroso porque las hienas y los leones frecuentemente esperan a que un guepardo mate alguna presa para luego quitársela. Si el guepardo no cede la presa, arriesga la vida. A menudo tiene que cederla y volver a la caza.

El guepardo tiene que estar cerca de su presa antes de perseguirla.

Los grupos de machos suelen matar a animales grandes para que todos se alimenten lo suficiente.

Apareamiento

Los guepardos se pueden reproducir en cualquier época del año. Cuando la hembra está lista para aparearse, su orina y excremento contienen ciertas sustancias químicas que les indican a los machos que ella está lista. Los machos intentan acercarse a ella. Se gruñen y silban entre sí. Pueden pegarle a la hembra o intentar hacerla caer si intenta irse. Los científicos rara vez han visto el apareamiento entre guepardos, por lo que se sabe muy poco sobre lo que ocurre inmediatamente antes y después. Tal vez se deba a que los guepardos pasan muy poco tiempo apareándose. Generalmente están juntos menos de tres días.

Los guepardos se quedan juntos menos de tres días cuando se aparean.

Crianza de los cachorros

La preñez de la mamá dura aproximadamente tres meses. Al final del embarazo, busca una guarida—un lugar tranquilo y seguro para dar a luz.

Los cachorros de guepardo son juguetones—siguen a su madre y se turnan para jugar al cazador y la presa.

La hembra suele parir tres o cuatro cachorros, pero puede llegar a tener ocho. Los cachorros pesan menos de una libra (.45 kg) y nacen con los ojos cerrados. Abren los ojos por primera vez de dos a ocho días después de nacer.

Los cachorros tienen el pelaje color gris ahumado, con manchas en el abdomen. En el lomo tienen una melena erizada de color claro desde el cuello hasta la base de la cola.

Amamantan muy seguido y necesitan mucha leche materna. La madre

Los cachorros permanecen en la guarida mientras su madre sale a cazar.

tiene que comer para producir suficiente leche, y por eso se escapa durante el día para cazar y deja a sus cachorros escondidos en la guarida.

Los cachorros nunca están completamente seguros, así que su madre quizás los cambie de lugar diariamente o cada dos días. A pesar de las precauciones de la madre, es poco probable que todos los cachorros sobrevivan. Casi el 70 por ciento de los cachorros mueren antes de cumplir las ocho semanas. Pueden morir a consecuencia de incendios de pasto, inundaciones o enfermedades. Los leones, perros salvajes o hienas también matan a muchos cachorros.

La familia guepardo se separa cuando los cachorros tienen entre 15 y 18 meses.

Los cachorros que sobreviven hasta la octava semana comienzan a seguir a su madre cuando sale a cazar. Los cachorros del guepardo son muy juguetones, constantemente están persiguiéndose, acechándose, saltándose encima y haciéndose zancadillas con la zarpa. Se turnan para jugar al cazador y la presa.

A medida que crecen, su piel se aclara y aparecen sus manchas. La melena dorada se acorta, aunque muchos guepardos maduros aún tienen una melena corta. Al parecerse más a los adultos, se comportan más como adultos y comienzan a cazar hasta alimentarse solos.

Los cachorros aprenden a cazar con su madre quien comienza las lecciones de caza llevándoles un antílope pequeño que ha atrapado pero que aún no ha matado. A veces la presa se les escapa y la madre tiene que atraparla de nuevo.

Al principio, cuando los cachorros salen a cazar con su madre, es posible que estorben a la mamá o espanten al antílope antes de estar lo suficientemente. A veces acechan presas que son muy grandes y peligrosas para ellos. Al principio, persiguen a casi todo lo que se mueva. Con el tiempo, aprenden a cazar e incluso ayudan a su madre.

La familia de los guepardos se separa cuando los cachorros tienen entre 15 y 18 meses. A los 22 meses, las hembras están listas para aparearse y criar a sus propias crías. Los cachorros machos generalmente forman un grupo y establecen su propio territorio. Alcanzan la madurez cuando tienen entre dos y tres años.

Los cachorros llegan a la madurez cuando tienen entre dos y tres años.

El guepardo y el hombre

El guepardo es el mamífero terrestre más veloz, pero esto no le garantiza la supervivencia. Se le considera una especie en peligro de extinción. Es decir que corre el riesgo inmediato de desaparecer.

El guepardo fue cazado excesivamente durante siglos, así que quedan pocos para procrearse. Es significa que no tienen lo que los científicos llaman "diversidad genética". En otras palabras, las enfermedades y los problemas físicos se van heredando entre muchas familias de guepardos con un parentesco muy cercano.

El guepardo está protegido en parques nacionales en algunos países de África.

De los cachorros que nacen, sólo el cinco por ciento llega a la edad adulta. Muchos adultos mueren de enfermedades, hambre o ataques de otros depredadores.

El hombre también ha contribuido de otra manera a la disminución del guepardo. Los ganaderos y granjeros construyen cercos alrededor de sus tierras para proteger su ganado. El guepardo no puede sobrevivir si no tiene un amplio territorio en donde vivir y cazar.

En la actualidad, mucha gente se esfuerza por salvar al guepardo. En algunas áreas, están protegidos por leyes. Algunos zoológicos y parques de animales en Europa, África y Estados Unidos los aparean y crían. Los científicos están rastreando y estudiando el comportamiento de los guepardos salvajes. Cuanto más podamos saber sobre la vida de estas garbosas criaturas, más podremos ayudar los que siguen libres.

Datos sobre el guepardo

Nombre científico: Acinonyx jubatus

Altura al nivel del hombro: 2.5–3 pies

Longitud del cuerpo: 6.5–8 pies de hocico a cola

Peso: 80–120 libras

Color: Amarillo claro con manchas marrones redondas

Madurez sexual: Hembra, 22 meses; macho, 2–3 años.

Embarazo: 90–95 días

Cachorros por camada: 3 o 4 normalmente, a veces hasta 8.

Alimento preferido: Antílopes como la gacela de Thomson, el impala y la gacela springbok

Distribución: Principalmente el sur de África, unos pocos en Irán

Glosario

aparearse, procrearse Encontrar pareja y producir crías

depredador Animal que vive cazando a otros animales para alimentarse

extinto Que ya no existe (se dice de plantas y animales)

gacela Antílope veloz que habita en África y Asia

guarida Lugar seguro donde un animal salvaje descansa y duerme

mimetizarse Parecerse mucho al entorno, para ser difícil de ver

presa Animal al que otros animales cazan para comerlo

Para más información:

Libros

Barfuss, Matto H. *My Cheetah Family*. Minneapolis, MN: Carolrhoda Books Inc., 1999.

Esbenson, Barbara Juster. *Swift as the Wind: The Cheetah*. NY: Orchard Books, 1996.

MacMillan, Dianne M. *Cheetahs*. Minneapolis, MN: Carolrhoda Books Inc, 1997.

Thompson, Sharon Elaine. *Built for Speed: The Extraordinary, Enigmatic Cheetah*. Minneapolis, MN: Lerner Publications, 1998.

Direcciones de la red

Fondo de protección del guepardo—*http://www.cheetah.org*

Defensores de la vida silvestre—*http://www.defenders.org/wildlife/new/bigcats/cheetah.html*

Índice